Pourquoi les poètes n'ont jamais de ticket pour le paradis

Ce livre a été publié avec l'aide
du Fonds national de la Littérature

Claude Donnay

Pourquoi les poètes n'ont jamais de ticket pour le paradis

l'Arbre à paroles

I
remember wishing that I were
a beautiful white swan
floating
on
   dark water

Je
me souviens faire le vœu d'être
un beau cygne blanc
flottant
sur
   l'eau sombre

Richard Brautigan

Poème pour une époque éteinte

Nous vivons une époque éteinte,
une vie de couvre-feu sous la cendre des villes et des rires,
une époque de portes borgnes et de voix assourdies,
de printemps rangé dans une boîte à trésors,
à côté d'une plume de cormoran, d'un marron chiffonné
et d'un sous-verre estampillé « Bière d'Abbaye ».

Nous vivons une vie de l'instant étiré jusqu'à l'ultime brin,
un présent sans futur rapproché – pauvre grammaire, peau de chagrin.
Te rappelles-tu le doux corps à corps de nos doigts,
le jeu secret de mes lèvres sur ton oreille ?
En ce temps-là, le temps lissait ses plumes sous nos caresses et
à visage découvert, je te mangeais le cou à la première
d'un blockbuster sirupeux, dans un cinéma sans peur.

Nous vivons une époque éteinte, dis-moi où vont les oies
quand elles désertent notre ciel ?
Dans quelle autre vie dansent-elles leurs ailes,
les oies qui enfoncent leur coin criard dans le jour gris,
dans le temps éteint où nous flambons derrière nos fenêtres,
nos portes closes,

où nous mangeons le pain des départs, le pain de l'exil,
derrière les portes rougies au sang des souvenirs,
nos portes closes sur les ondes, sur les voix,
sur les solitudes câblées, connectées,
nos portes closes, nos fenêtres poumons,
la vie réduite au cliquetis de nos doigts sur le clavier,
aux visages tremblants dans l'écran solidaire,
aux mots meurtris dans les écouteurs ?

Nous vivons une époque éteinte,
mais moi je brûle à pleine peau,
à peau de soleil,
à peau de couleur,
à peau de papouilles et de silences sucrés,
je brûle en partance, je brûle en absence, en confidence balancée,
en transhumance salon – chambre à dormir – troisième sans ascenseur,
je brûle d'un temps présent dans mon ventre, d'un présent à enfanter,
à déchirer, émietter au hasard des lèvres,
d'un présent à vivre entre les tenailles des mains,
qui prennent le monde, travaillent la terre et la chair,

je brûle à l'endroit et à l'envers, en coup droit et en revers,
je prends feu dans cette époque éteinte,
petite et frêle lumière, que je tends par-delà les confinements
et les discours sans,

petit fanal dans la nuit pour appeler sans un cri,
et dire qu'il ne faut pas craindre la nuit,

qu'une simple flamme suffit pour croire au jour.

Poème pour une route perdue

Je prendrai le bus pour sortir de la ville,
le long des caniveaux à ciel ouvert,
je suivrai la benne à détritus et la procession des rats
(– toujours une longueur d'avance –
prescience des foudres apocalyptiques).

J'ai les oreilles bombardées
du silence des cités mortes,
les cymbales heurtent le mou de l'air
et les chants d'encens rampent sur le peuple tête basse
sous le déluge des images déchues.

Le temps est à la fuite, au déguerpissage, à la retraite de Russie.
Bérésina, ton ventre gelé, sarcophage des âmes perdues.
Il pleut des acides sans rien de planogène,
une lame d'opinel,
ta chair écorchée…

Des escadrilles de vautours sillonnent les routes,
l'œil sur le bus aux flancs jaunes.
Mes poumons peinent à ventiler le sang aux abois,
ma bouche s'élargit en delta peuplé d'oiseaux moribonds.

Agonie du bus dans le fossé aux orties,
je marche ceint d'une centurie de légionnaires dépenaillés

Veni Vidi Vici Circulez ! Il n'y a plus rien à voir
dans les cinémas torréfiés à haute température,
même les rires s'atrophient sur la pellicule exsangue.

Long is the road
Nous tournerons des films sans les catastrophes
promises,
nous avons des jambes d'airain,
musclées aux périphériques des mégapoles.
Toutes les 25 bornes, un café pour gonfler le moteur
et souffler la brume.
Le mug fumant au bord du bitume,
je confesse ma dérive,
plus de nom à signer dans la valse des gyrophares.

Je composerai un hymne à la route
– de la poussière et des arbres tous les 50 mètres –
un éblouissement à gommer les fausses dorures de
l'appartement.

J'ai les poings solides, à fendre le béton,
de la dynamite à la Joe Frazier
et dans la gorge le feulement d'un sax aux griffes velours.

Confidence pour confidence sous la lampe torche,
à l'angle du zoning de la Voix cuivrée,
je caresserai tes lèvres bleues,
ta poitrine cocktail
qui affole les guêpes dans mon thorax.

Voilà qu'ils viennent nous prendre !
J'entends leurs pas sur les planches du pont.
Ce n'est pas l'année du dragon
mais je m'envole le feu au ventre
avec l'écho du rire incandescent
de Neal Cassady.

Poème pour une fenêtre goudronnée

La nuit goudronne la fenêtre.
Un papillon promène ses ailes entre les rideaux.
Dehors le jardin mort,
personne pour parler au vent
 et rassurer les fleurs en sursis,
personne pour témoigner du sommeil des vivants.

Contre le mur, la serre se cherche un éclat de lune,
 juste un trait blanc, ou gris,
 deux doigts de vie dans le verre.

Je ne bougerai pas de mon lit, pas cette nuit, pas avec le papillon
 entre les rideaux de ma conscience,
 le papillon de nuit, venu du jardin
 quand il n'était pas encore moribond.
À quoi bon lever le doigt, héler le silence ?
Je patauge dans le goudron des mots retenus,
 des mots englués dans ma gorge, mazoutés,
 les mots du jour gras, du jour éventré, du jour morne,
 trop morne pour l'envol d'un papillon (presque) déjà moribond,
 le même qui halète entre les rideaux de mon inconscience
 à bout de cœur, à bout de souffle,
 le papillon qui volète entre mes côtes,
et se prend dans les rideaux de mon visage.

La nuit goudronne la fenêtre,
au fond de mon lit, j'ai appris à me taire, à tenir ma langue entre les dents
pour qu'elle ne s'envole pas, comme le papillon entre les rideaux,
à tenir ma langue en laisse,
à laisser les mots mourir sous une molaire.
J'ai appris à me taire, à faire silence, pénitence,
la bouche en cœur, les doigts dans le nez,
les pieds en croix,
j'ai appris à garder ma fenêtre close, sur le jour et sur la nuit, close,
sur ma chambre et sur le papillon de mon impatience.

J'ai appris que les routes s'enterrent, surtout si elles montent,
que les mains s'infectent aux caresses,
de l'autre côté du verre, de l'autre côté de la fenêtre close,
de la fenêtre de la chambre où je vis,
tapi au fond de mon lit,
à compter les battements d'ailes d'un papillon,
entre les rideaux de mon inconscience.

La nuit goudronne la fenêtre,
macule les murs de brume épaisse et de cambouis.
Rien ne presse.
L'aube en détresse trépigne au fond du jardin moribond
comme le papillon qui s'escrime entre les rideaux.
Et moi dans mon lit,
à rêver d'une montagne couverte de papillons aux ailes de neige,

et de coquelicots, leurs bouches fardées dans le silence blanc.
Et moi immobile dans le goudron de la nuit,
de la nuit qui ripoline les murs et le plafond,
de la nuit qui dégouline en flaque d'huile.

Je me souviens de la corde à linge dans le jardin moribond,
d'un chardonneret sur le piquet, à s'égosiller,
de papillons aux ailes tachées, sans nuit ni vitre,
je me souviens du linge suspendu,
de sa couleur entre les bras du vent,
c'était l'été et j'arrimais mes yeux au soleil,
j'étais un livre suintant d'amour et de confiance,
une herbe à la merci du sabot d'un cheval,
à la merci d'une lame tranchante,
c'était l'été, j'étais en sursis,
papillon ignorant du goudron de la nuit,
papillon tissant sa lumière pour les jours de néant,
papillon aux ailes de neige,
bâtissant sa montagne comme on offre un sourire.

Poème pour un carré de marelle

En équilibre sur un pied,
une jambe,
dans un carré de marelle
bien trop loin de l'eldorado,
je sors d'une poche mon harmonica feulement
tigre blues à fendre la coquille.

La vie concentrée dans le mollet raidi,
les bras en ailes
sur un monde aux balises de craie,
danseur étoile en attente d'un ciel à traverser,
immobile dans le mouvement.

Faudra bien sauter,
aller de l'avant.

Claque sur mon dos, le temps
amplifie la voix de la foule,
pouce tendu vers le haut, tu vis, vers le bas, tu meurs.
Ton futur ? De la fumée de liane…
Le Nevado Ojos del Salado et l'Eyjafjöll n'attendent pas les équinoxes
pour enfumer les paradis artificiels.

Dans mon brouillard stagnant, je croise tous les oiseaux de la nuit,
migration de trottoirs en angles morts

dans la béance orange des réverbères
et les bouches pulpeuses des abribus.

Il me faudra bien sauter.
Pas de ticket retour pour la case départ.
One shot travel.
Sous ma voûte plantaire, la cloche sonne l'heure de l'ange doré.
Trompette embouchée,
Dizzy Gillespie gonfle un nuage rose à la Betty Boop.
S'il éclate, je toucherai les joues du Walhalla.
Saute mon gars, saute !
L'infini n'a pas de rails,
que des traverses de bois maudit.

L'harmonica grince des dents,
de la scie à ruban dans un ventre d'érable sycomore !
Je m'élance dans l'irréversible,
les yeux clos sur le chemin écrit à l'envers de ma peau,
sur les miasmes des guerres nées avec moi.

Hop hop et hop une flaque noie mon triomphe.
Le paradis s'égoutte le long de ma jambe.
Hypocrite le temps feint de briser son carcan.

Poème pour un matin sourd

Les geais emportent les noix derrière la serre aux raisins,
zèbres d'azur d'un matin monde, semoule
à rouler entre mes doigts tachés d'encre et de rêves aux abois.
J'ai semé mes souvenirs
dans le pré carré où les pigeons pavanent leurs cous bleutés,
j'ai semé des souvenirs enrobés de sucre
pour attirer les scarabées et les cloportes en tabliers gris.
Ma valise est prête pour un nouveau voyage.
Fini de plier les nuages accrochés aux érables en chemises de fête,
remisés les éclats de soleil sur le ventre rond de la serre,

je pars pour la légèreté,
les mains frôlées au hasard d'un train tranchant l'aube,
la jubilation d'une présence à l'instant qui se noue
dans un tapis dont les couleurs
s'allument aux regards des passants.

Je passe dans la broussaille des corps qui passent,
la vie inscrit ses arabesques dans leur peau
– pas des stigmates – ,
des coutures reliant les pièces des heures et des jours,
je passe, ne retiens pas le courant, je passe, dérive
sans plus chercher à m'accrocher à une rive,
à la page qui se tourne et s'abîme,

j'habite un rêve d'étreinte
à redire encore en litanie de lumière
jusqu'au bout du dernier hiver.

Poème pour le solstice d'hiver

Quand l'hiver boit son solstice je toise les grandes marées
du vague à l'âme à flotter comme bois gris
arraché aux forêts du grand Nord
à chaque heure qui bat contre la jetée, je change de nom
et je le lance dans le vent pour qu'il le triture entre ses dents

Je n'ai pas l'humeur en fête
quand on balaie les cotillons sur le trottoir aux étoiles
Je suce mes lèvres pour les garder en vie au cas illusoire où
l'armée des crocheteurs de rêves débarquerait
dans mon carré de ciel

Je veux égrener mon chapelet de mots choisis
– des jurons ou des injures – ma panoplie de saurien menacé
dans son écosystème
où je patauge goudronné récuré asphalté désossé
du poulet réduit au mot
de l'eau réduite au pot

Je ne puis me faire la belle
alors je change de nom à défaut de peau
me tricote un pull d'espoir à la Julos

où l'arc-en-ciel lèche les mailles du soleil
Quel est ton nom ? me demande une femme aux yeux d'onyx

entrouvrant sa chemise comme on agite
un hameçon armé d'une cerise

Barbeau je ne suis
ni Dieu ni PDG ni oligarque
je porte nom de vague qui lèche mes pieds
et s'en retourne repue
Appelle-moi flux et reflux   mer et terre   arbre et vent
Appelle-moi oiseau
qui les envole ou les traverse
Appelle-moi plume d'aile ou étoile filante
entre les jambes à son cou orné d'ambre
Appelle-moi phalène ou demoiselle de soie
Pas de rituel, de *check list* à dégoiser
ni d'alibi à mon silence recroquevillé dans son nid
comme un foulque macroule
devant l'abbaye d'Orval
je prie la Vierge
la Noire de Montserrat et des Saintes
le cierge consumé dans mon poing en larmes de cire
j'essaie je prie
mais les mots gèlent dans ma gorge

C'est le solstice d'hiver on boit des marées de rêves
pour s'inventer une lumière
une lampe à promener dans sa nuit
un cierge à libérer des prières
dans l'encens des rires amers
Si les arbres ne parlent pas
c'est qu'ils ont appris de la terre
que les oiseaux suffisent à chanter le jour

Entre les mots suspendus à mes doigts
il me reste à prendre racine
pour entendre la voix des fulgurances
que la morale réprouve

entre les lignes dissonantes devenir
le souffle qui enfante et remplit
les jarres de terre brûlée

le poème qui dément l'inanité du vivre

Poème pour un lambeau de brume

J'accrocherai à mon oreille un anneau de brume
pour prier entre les lignes des livres anciens
Je naviguerai aux étoiles mortes
aux textes soufflés à la bouche des dieux de l'Olympe

La malle transpire leurs écrits cousus
        dans sa toile grise
Nous ne soulèverons pas le couvercle
        un essaim de mots travaille au secret
Le bois du mirador s'aimante aux mélèzes de sucre roux
la lisière tremble comme une liquette
                                sur des cuisses nues

Le piège n'a pas de nom
les oiseaux de nuit le chantent en rasant les arbres
Pourrai-je transmettre leur message
        au-delà des heures où l'écorce engrange les rêves ?

        Tombez les oripeaux
        Abandonnez vos bâts
        Ornez vos lobes de pierres et d'or blanc

Les mots de transe, de reins brisés, d'haleine en feu
je les noierai dans l'absinthe obsidienne
je les boirai dans leur transparence d'océan
        et les bulles d'azote torpilleront mes neurones
        une charge de bisons en pays comanche

au midi des jours de signes

Les marins portent les anneaux de Saturne
Leurs bras tatoués de fumée et de lèvres peintes
ont l'élégance des maladroits
Je déposerai à tes pieds de vestale
leurs mots volés aux embruns
Je ne resterai pas

Un cap-hornier m'ouvre une cabine
En haut du mât j'assisterai la banquise
quand ses larmes berceront les mers
jusqu'à l'agonie

Poème pour un ange

Nous retrouverons la sente du sacré
l'étroit colimaçon
qui te jette dans le ciel
C'est écrit dans la pagaille des Églises
aux saints protubérants

Je découpe des ailes dans du carton d'emballage
un ange aux yeux braisés me fait une cour d'enfer
La guerre est intérieure le foie crise et
l'ennemi a les poches pleines

Les cantiques occupent les cerveaux
comme les migrants le parc Josafa
Quelle est ton heure amigo ?
Les volutes d'encens se cramponnent à tes cornes d'auroch
À genou tête au billot
Le jour vient où tu dois renaître aux mots du Livre
sinon ils te botteront le cul
devant l'autodafé des poètes indexés

C'est si triste de mourir
sans un chant d'Atualpa Yupanqui
sans un vers d'Allen Ginsberg ou
un baiser de Janine Pommy Vega

Le thaumaturge peut jouer les turbulences du monde
à l'Euromillion

bouffi de suffisance et de mets frelatés
il en sortira des taureaux aux longues cornes claires
des bêtes moirées
chauffées aux cris des torils
bénies au goupillon des soutanes

Je ne crois qu'à la fête du jour
au bambino comptant ses pièces brunes
pour s'acheter des marshmallows
au vin des jarres à vomir dans la déchirure du
crépuscule
Je ne jure que par le beat d'Art Blakey sur ma peau en
transe
par l'averse qui mitraille l'amour
au milieu d'un champ de maïs
j'erre nu dans les sandales
d'un feu allumé aux étoiles
locataire d'un carré de ciel
entre les tours mille-feuilles

Tu peux filmer ma démarche de canard boiteux
le fleuve arrange les plumes sur mon poitrail
il emporte les avalanches de larmes
qui remontent du ventre
avec leur cortège d'oiseaux brûlés
par le Simoun et le Khamsin

Sorti du rang
la timbale à la main
dans le rire des cloches envolées de leurs clochers

Je n'entends plus l'appel des muezzins
je remonte la file à contresens
vers l'arbre où je suis né dans l'hésitation d'un printemps
ses racines noires et chaudes,
son poitrail aux crevasses de rires et
de baisers sans intention
mon arbre calciné découronné guillotiné
– les dents infatigables des machines et insectes
associés –
mon arbre couché   déjà mort
surtout ne pas s'arrêter ne pas se figer
accrocher son regard à l'éclair bleu du geai
faire comme si
tourner le dos…
Il reste des portes à forcer
des océans à boire pour la brûlure du sel
il reste les épluchures des plaisirs interdits à balayer
des graines de nénuphar à semer
dans les bassins protégés
il reste les escaliers du vide à gravir cramponné à la
barre aluminium

Et toi, mon frère ne me laisse pas
relance la mécanique des aurores avinées des aurores
boréales
des aurores sans oraison
la fièvre m'habite, frère
pardonne ma prose caustique
mon poème bronchitique
je t'offrirai un verre au bar de la lande

et nous écouterons les fados d'une vieille portugaise
usée par trois décennies de ménages
les poètes n'ont jamais eu de ticket pour le paradis

La foi ne déplace pas les montagnes mon frère
mais la poésie les gravit
pour s'enivrer de palabres
avant l'ultime corrida

Poème pour une histoire d'oreilles

On entend dire – une rumeur – des mots sans bouche
sans regard
qui volent en essaim
s'éparpillent, butinent les oreilles au hasard
On raconte une histoire
l'histoire d'un(e) autre
ailleurs tout près

Des images percent le jour
Il paraît
on ne savait pas sinon bien sûr évidemment
bien sûr qu'on aurait ouvert la porte
entrouvert une fenêtre
on n'est pas pour la mort ni le rejet ni l'exclusion
on se raconte des histoires c'est vrai
pour ne pas voir dans l'écran
pour ne pas entendre les coups sourds sur nos murs
bien sûr on s'invente des vies capitonnées,
des vies abritées, assourdies mais
on n'est pas racistes, m'sieur
on n'est pas machistes, m'dame
on n'est pas intégristes
ni in-ceci ni in-cela
sauf peut-être inculte parfois

mais ça, ne le répétez pas

On dit, on raconte – une rumeur – que le monde a mal au bide
qu'il se tord de douleur entre les virus
les coups de trique, les femmes battues
et les ours polaires à la dérive
On dit qu'il fait le gros dos, le monde,
entre les convulsions et les trahisons,
qu'il cherche un ciel où s'accrocher,
une main à saisir dans la nuit

On dit, on raconte – une rumeur – que les poètes allument des lumières,
brûlent des bâtonnets de mots,
cuisent des brochettes de vers
au feu d'un soleil qui aime les peaux
toutes les peaux,
les uniques, les belles,
les blanches, les noires, les rouges et les rebelles,
les jaunes, les café sans ou avec lait,
les parfumées à l'anis, les sucrées, les granuleuses
et les imberbes,
toutes les peaux

On le dit, on le répète – une rumeur –
mais faut pas croire tout ce qu'on dit
le grand schtroumpf l'a dit
faut pas croire tout ce qu'on écrit
mais peut-être, qui sait, peut-être

faudrait écouter les poètes,
déguster, mâcher, avaler leurs mots
en brochettes en ratatouille
et peut-être, qui sait, les croire,
quand ils dessinent des espoirs
en forme de papillons
quand ils plantent leurs griffes
dans le ronron du jour

Faudrait peut-être, qui sait, peut-être
que la rumeur monte des braises
que la flamme coure
qu'on entende dire que le monde brûle
que les mots brûlent et
qu'il est grand temps de vivre
même quand à la fin d'un jour sans,
la lassitude nous répand
dans le fauteuil aux larmes
Faudrait une rumeur faudrait
tendre l'oreille à la voix qui dit :
on n'est pas dans un rêve mais on vit
sans portes ni fenêtres
les poings serrés mais le cœur ouvert
on vit   on vit ensemble on vit

Poème pour un jour de pluie

À défaut de mener une vie propre, j'écris de la poésie
pour enflammer l'étoupe du jour,
allumer un feu sur la falaise,
des flammes de bras dansant dans le ciel.
Me vois-tu dans le lointain de la mer,
sur cette côte où tu promènes mon absence ?
Sens-tu la chaleur de mes bras ?

Il pleut dans ma tête
des mots frêles comme des rameaux de printemps.
Je descends les rues de mon quartier cérébral
vers la place où tu te tiens, cheveux en bataille,
        un tournesol à la main.
Je suis ton soleil, me dis-tu, je brille dans ta tête,
dans le pays où tu respires, au cœur de la pluie,
        qui bat le pavé d'un dimanche confit.

Ce sont tes mots dans ma tête, notre poésie sur tes lèvres.
Nous marchons dans le sens contraire du monde,
à cheval sur la nuée des mots, le corps engourdi, les mains en éveil,
ta côte lointaine, ma falaise en feu,
notre île, au milieu de nulle part, au milieu de partout.

Je me creuse jusqu'à la lave, jusqu'à la bave,
et plus je m'enfonce, plus je comprends

les racines qui poussent dans ma tête,
qui courent dans les rues de ma tête
jusqu'aux feuilles de ton sourire,
entre la liste des courses chez l'épicier,
les factures à honorer, les heures à mendier.

Je me creuse, me ravine,
ravi de ta présence dans mon quartier,
dans ma rue, dans ma vie.

Poème pour un bateau échoué

Quand je suis entré dans le matin,
la voix de Freddy retroussait le ciel jusqu'à l'ourlet de brume.
Je n'avais plus sommeil entre les lèvres de la pluie,
je m'abandonnais, me défaisais du temps,
          de ses valises aux semelles usées,
          en écoute,
          en attente d'un souffle d'air dans mes écoutilles.

Depuis mes premières dents,
je flotte entre les mailles d'un pull trop grand,
          la mer mouille mes genoux,
          s'engouffre dans les fissures de mon corps.
Vais-je me fondre en elle, devenir vague aux paupières d'écume ?
Freddy, parle-moi des peurs
qui gonflent les voiles des proscrits,
si j'ai tué les rêves de ceux que j'aime
                    et clos les portes de l'armoire
                         sur le soleil endormi entre les draps,
je crève dans la solitude d'un rafiot oublié au bout d'un quai,
                    enterré dans la rouille des jours.

Laissez-moi reprendre la mer
avec ces hommes qui ramènent l'aube dans leurs filets
          après une nuit de pêche à l'étoile,

le corps durci de sel et de fatigue,
je me vêtirai de jaune pour sentir
les affres de la vie glisser avec les embruns.

Laissez-moi tanguer encore,
je n'ai tué que des rêves à peine éclos,
je ramènerai l'âme de la mer
pour souffler dans son oreille
comme dans une conque appelant à la danse
du sable et au pardon des offenses.

Too late, my time has come.
J'ai appuyé sur la gâchette qui déchire la toile du jour,
on ne tricote pas la laine trempée de sang !
Dis-leur maman,
que les rêves tombent des arbres
quand la main ne peut les cueillir, dis-leur…
Je vogue sur un poème aux abois,
dont les voiles s'effilochent entre les rayures du ciel.
Je voudrais recoudre ses blessures
mais le fil des pensées ne se déroule qu'une fois.

Laissez-moi partir,
je serai le mendiant assis devant votre porte
sur un carton de lune,
à peine un chien sans même un os à ronger,
un tas de couvertures qui chante Noël
dans toutes les langues et à l'aube,

quelques mesures de *Bohemian Rhapsody*
pour allumer un regard à défaut d'un rêve.

Poème pour un enfant à naître

Je décompte les arbres au bord de la route
dans la nuit qui embrume le pare-brise,
quand je serai à cinq, je pourrai virer à gauche.
Je roule au jugé des trous laissés par les camions de la carrière.
Route défoncée,
en état de nuire.

Les arbres appellent à la résistance, passive certes, souterraine,
mais résistance, présence muette
qu'un pic noir sonorise à coups de bec rageurs.
Rythme beat du pic, rythme toc toc pic pic
pic et pic et colegram
bourre et bourre et ratatam.

La route bleuit
neuf, huit, sept en goguette
six, cinq, à babord toute,
je prends le vent du plateau, celui
qui se complait à ébouriffer la combe.
Je passe en mode poteaux,
au quatrième je prendrai l'allée aux étourneaux,
la maison blanche n'est mienne que par les livres
que j'y sème.
J'aime compter les arbres que je n'abattrai plus – je l'ai fait tant d'années – les yeux clos

quand ils gémissaient, l'âme craquante,
le tronc pourfendu.
On ne se libère pas de son passé d'assassin,
les flammes ne dévastent pas la mémoire, incombustible,
on brûle des vaisseaux dont les cales regorgent de vent froid
pour tenter d'oublier que la mer ne recule plus,
qu'elle attend du plastique plein le ventre,
vieille nourrice aux seins flasques
dont les enfants dansent
autour des moulins aux ailes immenses,
elle attend les bras des arbres,
leurs racines dans son sable.

Une rencontre illusoire, illuminée,
comme ces idées nageant dans le bouillon des philosophes.
Pêche-les, pêche-les, dit la nourrice.
Mange-les, mange-les !
que des feuilles te poussent dans les oreilles,
que des dauphins rieurs bondissent de tes lèvres !

La route n'a pas de fin et décompter les arbres pour une maison,
même blanche, pas plus de consistance
qu'un quartier de lune.
Cette maison, je ne l'habite pas, mais sa blancheur
de phare m'attire dans la nuit,
je passe entre les arbres égrenés sur la route
par un géant cosmique

disciple de Cendrars et de Brautigan.

Le voyage n'a pas de terme
pas de port ni de gare terminus,
la traversée des seuils de porte n'a pas de nom,

elle te disperse au-delà de toi-même
dans les retranchements où tu courbes l'échine
pour éviter les pierres et les cris.

Tu pars ou tu rentres,
sans aiguille ni aimant ou arbres sémaphores,
appliqué à vivre entre les blessures, les éclaboussures,
les mots
tachés d'ombre et
cette clarté qui te nourrit de ce peu pendu à ta manche,
comme l'espérance d'un commencement,

un enfant à naître
qui aurait ton regard
quand le soleil se détache du ciel.

Poème pour empailler les rêves

Je bénis les affres du quotidien
          dans le vin de la nuit
Au revers du bitume
          les chevreuils émergent des taillis
          les buses ignorent les guerres
          les déviances immondes
          et les fusils aux lunettes intenses

Sur le ballast aux rails rouillés
          je confesse mon inappétence
Le train dort au fond du fleuve avec mes déroutes

J'ai empaillé mes rêves pour les conserver
          entre mes boîtes à thé
          – les innocents et les coupables –
          je les déguste à petites pincées
          quand une reine fait escale
          entre deux sommets pour le climat

Poème aux ailes rognées

À ma fenêtre de cour je soliloque.
La gent ailée n'en a cure,
qui bécote son sarazin sur le mur aux arbrisseaux.

Le ciel me colle à son miroir,
moustique tigre *made in Africa*,
où le soleil incendie les eaux.
Je soliloque à la fenêtre,
des étoiles fouettent les branches des fruitiers amers.
La dame trempe sa peau à l'éclat des serres.
Je n'ai pas à naître.
Les cris de joie
qu'on pousse au crépuscule du ventre,
je ne les entends pas,
je les laisse aux arbres pourpres.
Trop de souvenirs pèsent sur mes épaules,
il m'arrive d'en conter des bribes à la gente dame,
quand des papillons ivres dansent
dans sa chevelure en flammes
et le fracas du camion benne.

Je me souviens de la poussière en suspension,
de l'étirement des heures,
du fil de pêche noué autour du plomb bleuté
des regards.
Pas encore commencée la grande marche à rebours de
la vie,
pas encore déclenchée la guerre au corps des mots,

la lumière nous habillait de sa nudité.
De la fenêtre meurtrière,
j'en aperçois des haillons entre les arbres
serrés sur l'horizon.

Je devrais partir à sa source,
vers l'Orient où les gentes dames s'abreuvent
aux sagas d'Hamourabi
dans le roulis du pétrole
qui se dégorge dans leurs veines,
mais l'ancre du doute pèse plus lourd que les souvenirs,
le chalumeau désir ne peut entamer
le métal qui blinde ma poitrine.

On m'a rogné les ailes au nid,
j'ai le bec mou et les pattes entravées,
seule ma tête peut voler des rêves en rubans,
que le vent
tente d'emporter.

À ma fenêtre sur cour, condamné volontaire à la
gangue de boue
construite bec et ongles avec les mots qui saignent
entre les pierres du mur aux arbrisseaux,
je tends les bras agite les mains au passage des
grues et des vanneaux,
pantin aux bras d'éolienne enraciné
dans le béton des rêves avortés.

Et je soliloque, soliloque, soliloque,
comptant les arbres à rallier pour les batailles à venir.

Poème pour un balbuzard pêcheur

Cette impression gluante de perdre mon temps,
comme s'il m'appartenait,
se souciait de vêtir mon quotidien…
Et ce challenge d'espérer le regagner,
le voler à d'autres visages,
à leur face cachée,
lune noire que le soleil devine sans l'épouser.

On croit que la vie obéit à la volonté
de qui peut la brider.
La cavale aurait les lèvres sensibles au mors,
il suffirait de garder le cap
pour aborder les rivages luxuriants
dépeints dans les livres.

Mais le jour se répand dans le sable
comme un seau tiré du puits,
sitôt versé sitôt englouti,
et nous restons à contempler
les minuscules grains innocents dans le soleil,
et le temps chevauche à bride abattue
vers l'horizon où il n'y a rien
que des oiseaux violets aux becs cramoisis
de fouiller les entrailles de la nuit.

Quoi d'autre alors, sinon les mots
pour s'opposer à la déréliction de la vie ?
Leur joie fondante dans la bouche,

leur propension miraculeuse à dévorer le monde,
à renaître chaque matin jusqu'à plus soif,
à bourrer des valises d'espoirs aux ailes de soie.
Les mots à broder au point de croix
le temps qu'on croyait perdu,
et à le suivre longtemps du bout des doigts,
dans un plus tard brumeux comme un marais immobile
avant le premier vol d'un balbuzard
surgi des entrailles de l'aube.

Poème cathéter

Les mots ne font pas d'ombre
si le soleil ne les brûle de l'intérieur.

Je marche un brûlot à la main,   la pluie au front,
qui murmure la tendresse de la lumière
sur les murs bâchés de toile à peindre.

Ne rejette pas l'instant inscrit dans l'hésitation de la flamme,
ne le crains pas non plus,
le plaisir tombe goutte à goutte dans le cathéter
pour s'évaporer dans l'ombre collée à tes os.

Les mots en fusion conservent leur parfum
hors les murs hors les ligatures.
Hume,
voici qu'un vers
déroule son train sous tes narines,
le voici qui s'installe,
qui te monte à la tête et te grise.

Sens-tu le feu pénétrer ton ventre,
l'urgence d'embrasser l'air
que tu respires ?
Un poème s'écrit sur tes reins
à la pointe d'un stylet
dans ta chair de craie blanche.

Il témoigne
de ta présence à la chaleur du jour,
au désir à la jubilation d'être
dans l'étirement de la vie à renaître.

Poème pour un soir toquard

C'est pas le dernier soir ni le Grand,
juste un soir de Meuse à qui
il manque l'espoir pour se croire un matin.

Un soir aux dents limées, au cœur fendu,
un soir d'écluse où l'on rêve aux grandes marées,
un soir de toquard
qui refuse de sauter le pas vers la nuit.

Tu es là, tu marches, sans masque ni trompette,
le cœur en tambour,
la tête en écrit.
Un pas, un mot, un pas, deux mots, un pas, ça sent le poème…

C'est pas un grand soir,
mais tu parles aux mouettes
de l'absence qui t'habite.
Qui parle de présence ? La chair seule est présence
Les mots peuvent combler des creux,
pas le vide.
Où est-elle cette muse, dont le regard enfle tes nuits
jusqu'à l'overdose ?

Soir après soir tu verses dans le fossé aux nuages, tes larmes en bandoulière.
Ce n'est pas le premier ni le dernier soir.

Quand on aime, la fin du jour devient fragile,
une étoffe serre la gorge à défaut de bras.

Ah ce bruit du soir
quand il se dépose
tel un souffle
sur ta peau.

Poème de transhumance

Ce matin j'ai vu le jour se lever,
dans une voiture sur une autoroute.
Une main de brume a levé le voile,
comme on relève le rideau d'une boutique
sur le travail d'une journée.

Un jour endormi,
un jour en pantoufles rapiécées,
un jour étonné par tant de phares allumés
sur l'autoroute de la nuit.
Ne troublons pas le jour,
ne troublons pas l'eau où l'oiseau boit.

Le matin se peuple de camions.
Un drapeau d'étourneaux flotte dans le ciel.
Dans le jour qui s'étire, je roule,
dans le jour qui se lève, je roule,
et dans ma voiture, je lui raconte une histoire,
une histoire de vie, une histoire de solitude,
ma solitude, qui résiste chaque nuit à l'absence,
ma solitude, qui se bat pour s'inventer une présence,
quand les murs de ma chambre disparaissent.
Une présence, un amour,
qui enroule le temps comme le ressort d'un jouet,
pour qu'il tourne en rond, le temps, tel
un enfant autour d'un bassin.

Ce matin dans ma voiture,
avec le jour qui se levait,
j'ai croqué des nuages, des petits gris chargés de pluie.
Je les sentais napper ma langue,
sucre perlé, biscuit sans amertume,
des nuages d'automne,
fustigés par un vent des Flandres,
un vent de mer ensablée filant sur la trois bandes
vers le Sud,
un vent de route, aux basques des nuages
et des étourneaux en drapeau.

Qui suis-je dans ma voiture en déroute
pour saluer le jour à son lever ?
Je ne suis pas un courtisan
et le soleil brille à Versailles,
pas sur les fausses collines qui bordent le bitume.
Ce matin le jour s'est levé sans me voir,
sans distinguer ma paire de phares
dans le chapelet de feux semés par la nuit,
dans la transhumance des damnés,
dans le roulis des solitudes semblables à la mienne.

Tant d'histoires écrites sur le pare-brise,
tant d'histoires dans le jour endormi,
que le ballet des essuie-glaces renvoient au néant.
La mienne parle d'une princesse,
une princesse aux longs cheveux de nuit,
une princesse d'un pays lointain,
une princesse d'un autre matin,

qui vole sa vie comme je vole la mienne
aux étourneaux et aux pigeons.
Une histoire qui caresse le cœur à défaut d'une peau,
une histoire où apparaissent des arbres en feuilles et fleurs,
des arbres criant l'espoir d'un jour de semailles,
une histoire de valises posées côte à côte
dans une maison mère,
une histoire de chaussures usées sur les chemins,
de chaussures oubliées sur un seuil complice,
une histoire de pieds nus, de pieds taquins, amoureux,

mon histoire
sur une autoroute, au seuil
d'un jour qui peinait à s'éveiller.

Poème pour entendre des voix

J'ai branché ma radio sur les ondes noires
qui suintent des murs et des nuages chargés de suie
Sous la terre la musique sort des rails
aspire le ciel dans le soupirail du ventre
qui suffoque
des coléoptères connectés tous mandibules
s'évaporent sur les escalators
Ma ville aux artères colmatées tortille des hanches
Rumba del sol, si, senorita, si

La nuit enroule son foulard autour de mon cou
serre les mots dans ma gorge
ce sont des oiseaux qui meurent avant de voler
Le nid est tombé de l'arbre sur un trottoir anonyme
sur les cartons épars
où dorment des hommes oubliés

J'ai branché ma radio sur les ombres noires
je cherche un hymne à émouvoir les cierges
un poème à retrousser les peaux
pas une friandise sucrée fichée sur son bâtonnet
mais du vent cueilli au vol entre les lèvres
d'un trompettiste extatique
Je veux du silence dérapant dans l'aigu
sous les voûtes d'une cathédrale de pierre triste
Sing a simple song for me
et claque des doigts

Que la peur dégage
la nuque ployée sous le joug des délices
je veux semer des notes d'étoiles des mélodies
serties de saphirs et de noix d'ambre gris

Sur le chapiteau des gens de la route
la tente du voyage en piste circulaire
dans le sable des déserts lointains
je patauge dans la rade d'un cirque
aux visages hilares
à chanter des mots volés au jour moribond
des mots noyés dans la calebasse
aux alcools sucrés
Les augures au vol rasant n'ont rien de sinistre à prédire
la corneille noire découpe le ciel en échiquier
Mon doigt poussera le pion vers l'aube aux tortues
venues du large

Adieu l'exil ! La radio passe des airs de bandonéon
et de guitares en bois d'amour
si je veux
la vie sera un bateau aux bordages de cuivre
sans cale ni fers rougis de sang
Le bateau fendra les flots
l'astrolabe dans le bleu
J'ai branché ma radio sur les vagues montantes
celles dont les rouleaux traversent les rires des enfants
elles porteront mon bateau sur neuf vies
mon bateau rempli de mes errances
de mes migrances et des migraines flottant
au mât de misaine

Le matin vient où l'on sait
que la main tendue ne suffit pas pour donner
que le regard touche plus loin
comme une aiguille perfuse le cœur
Aujourd'hui j'ai branché ma radio
sur le vent qui porte la vague jusqu'à écouter
la voix de l'autre que je ne vois pas

Poème pour un été éventé

L'été n'est qu'un mot doux
un parfum éventé
que je respire comme toi
comme tout le monde
quand un grain de soleil allume mes lèvres

Qui donc me parle ? Qui m'appelle ?
Des faucons crécerelles ont pondu dans une meurtrière
sous une langue de tuiles décolorées
comme l'été en oubli

Derrière le mur aux roses trémières
un bataillon de maïs pulvérisés à la mort douce
Acide acide derrière
Acide le mur aux roses
Acide le parfum d'un été éventé
Quelle est cette tristesse qui mange le gazon ?

J'ôte mes sandales
Le ciel hésite à tomber
sur les arbres derrière les carrés de maïs
prêts à marcher

Ma vie n'est pas mauvaise même si elle s'effiloche
un tissu picoré par le soleil
juste bon à filtrer la lumière pour des yeux rivés à la terre

mais je vois l'échelle dans le cerisier
les barreaux noyés dans les feuilles

Je devrais grimper
disputer les fruits aux geais et aux corneilles
me frotter à leurs becs et grimper encore
jusqu'à crever les nuages

Qui donc me parle ? Qui m'appelle ?
Ma mère ?
Qui me dit : le linge au fil est triste
Parle au vent
Qu'il le visite

Et je parle au vent d'été au vent du sud acide acide
au parfum éventé
pour qu'il agite les chemises
aux manches longues
aux manches vides

Et je parle aux moineaux
aux chardonnerets et aux fourmis
qui traient les pucerons sur le groseillier
je parle aux oiseaux et à l'échelle qui grimpe au ciel
acide acide

Le jour n'est pas bleu et l'été un mot doux
qu'on susurre à l'oreille des papillons demi-deuil

Et ma mère me dit : la corde à linge relie deux cœurs

que la vie sépare
Accroche des blouses
accroche des draps
des culottes et des soutiens-gorges
accroche des chaussettes fatiguées d'avoir épousé
des marches aveugles
accroche tes mains aux doigts rouges

L'été n'a pas dit son dernier mot

Poème pour des mains de pluie

Que regardes-tu dans la pluie ?
Des bribes de chant, des mains, des pieds
qui dansent dans la pluie,
la pluie dans le chant,
et le vent en transe, le vent
dans les branches et la pluie,
et le jour tremblant de tomber de la branche,
tremblant d'éteindre sa lumière
dans une flaque,
tremblant d'éteindre son chant.

Que regardes-tu dans la pluie ?
Les empreintes d'une tristesse enroulée en toi,
un liseron, un lierre en liane,
enroulé en toi,
et les fleurs qui se fanent comme ton regard
dans la pluie,
ton regard obstiné à semer des doigts
à travers la pluie,
des doigts de folie, des doigts de vers, des doigts
qui naviguent et volent,
des doigts pour le tricot et la pâte à pain,
ton regard têtu dans la pluie d'octobre
dans la pluie sur la terre et sur la mer,
ton regard frondeur.

N'ouvre pas ton parapluie.
Laisse ton regard se mouiller,

appelle les nuages, les nuages de pluie,
et chante, et danse,
ils tirent ta maison.
Et la rivière qui te traverse.

Poème pour cesser de croiser les doigts

La fenêtre donne sur la cour où danse la lune
Dans les étables, on célèbre des noces
So long veaux vaches et cochons
Les hirondelles se mirent dans les vitres
à l'écoute de mensonges à gober

Dans la nuit et les odeurs de barbecue, j'écris,
encerclé d'arbres à noix crissant sous les pieds
comme des âmes en peine
L'hiver sera rude
le slogan fuse des bouches rances
un hiver à mourir sur un trottoir cartonné
les yeux brillants de soupe torpide

Attrape ton tortillon
tu porteras les couvertures tissées aux doigts gourds
des nuits communes
avant le trépas des étoiles
et la romance des cœurs dépecés
Le silence me pousse à boire le vin étoilé des absents
partis en voyage dans l'invisible du mur
Imagine entre les dents
j'ai la bouche d'un soupirail au cœur d'une cave à musique
chauffée au bandonéon d'Astor
et sur le dos les délires des antiques cités lacustres
pieds livrés aux lèvres des garras rufas

à exfolier les noirs souvenirs
à mesurer en empans d'azur
les tentacules gris des fulgurances avortées

La route se mesure à l'ombre des cimetières
Des flocons de suie habillent l'horizon
Il est temps de partir
Les mythes s'abreuvent aux déboires transfusés dans nos veines
Il est temps de partir
ou de s'enraciner fouiller la terre
jusqu'à la moelle
devenir une petite chose dure nichée entre les cailloux
à l'abri

Qui déclenchera une autre guerre ?
Quel augure scrutant le vol sinistre des choucas et des sombres corneilles
se frottera les doigts sur son pourpoint écarlate ?

Qui aurait de la guerre à exporter ? Du napalm ?
Des roquettes ?
Qu'on cesse de croiser les doigts sur des chapelets en nacre plastique
trempés à l'eau de Lourdes
la Vierge a troqué sa robe immaculée
pour un tailleur Chanel de banquière *lady first*

Ce n'est pas ta faute
ni celles des anges aux plumes laser à géométrie variable

Les dieux ne portent plus leurs médailles
La guerre mondiale se joue dans les *malls*
à grandes rafales de mitraillettes
et de prix cassés rouge sang
Personne n'a le souvenir d'un humain en osmose fœtale
        avec sa terre nourricière
        La boucherie consumériste aiguise ses couteaux
        la viande pourrit à l'étal des marchés de nuit
        (quel prix pour ce foie imbibé de Cara Pils ?)

        J'écris à la fenêtre sur la cour
le fumier a disparu sous les chapiteaux, les tonnelles et les robes blanches
        L'amnésie sert de carte-mère
L'homme éteint a les ongles rongés par le stress
Les nouveau-nés pucés à la sortie
        ont le chant des origines dans leurs applications
neuro-psycho-senso-erotico-vulcano-top performance
La fadeur parfume les jours cuits à feu doux
        Il faudrait se battre dans la cour
        rompre quelques lances sur des écrans complices
                        avec des spectres phosphorescents
et mourir désintégré sur le sable de l'arène virtuelle

Poème pour le jour d'après la nuit

Et tu toises les oiseaux de mauvaise augure
autour du bassin aux ouettes et canards boiteux.
La nuit suspendue aux branches des platanes malades.

Au-delà de la ville, tu te dis,
          au-delà des rues et des rues, tu te dis,
il y a un ciel posé sur rien,
          un ciel sans tours, sans détours,
          un ciel de prés et de chants,
                    d'arbres amants et de collines,
          un ciel de pierre grise, veiné de bleu pour le rire,
          un ciel pour l'éclosion d'un jour.

Au-delà de toi,
          au-delà du bassin aux ouettes et poissons
          fatigués, au-delà des antennes,
          au-delà des fenêtres sur rien ou
                    sur d'autres fenêtres,
il y a la mer avec son manteau d'hiver,
          son manteau de brume à rêver
          et le souffle de l'humanité courant sur le sable.

Bas les masques, siffle le vent dans l'air fané.
Et tu toises les oiseaux de mauvaise augure,
les sinistres galonnés de préjugés et de chagrin,
et tu dépends la nuit de sa branche
          pour valser autour du bassin,

autour de sa bouche ronde entre les platanes,
et tu dessines le ciel au-delà
le ciel au-delà de toi
et des lèvres éteintes,
tu dessines sur les murs et sur le sable des allées,
tu dessines des visages aux yeux de mer,
aux yeux de ciel,
tu dessines des visages sans masque,
des bouches de pulpe rose,
des peaux de baisers,
des mains de doigts entremêlés,
tu dessines l'au-delà du jour,
l'au-delà des tours et détours,
l'au-delà des oiseaux de mauvaise augure,
tu dessines sur les murs et dans le sable,
tu dessines le jour d'après la nuit.

Poème à battre

Battez tambours battez !
Que vos peaux de vie tendues sur le bois du jour
ensemencent les murs et les rues,
et l'herbe drue sous la pluie !
J'ai le cœur en cloche, l'âme en forêt,
je sonne, je flambe et votre voix
nourrit mes entrailles, crève l'impalpable bulle
qui m'emporte dans les serres du vent.
Ça souffle entre les côtes, remue des terres
aux strates oubliées sous le bruit des moteurs.
J'ai du cambouis dans les yeux, du gasoil dans les veines,
il suffirait d'une allumette, d'un embryon de flamme
dans la chair,
et la vie filerait,
sirènes hurlantes,
sur le ring des absences.

Battez tambours battez
dans la nuit urbaine, battez le bitume,
les fleurs de cerisiers nippons,
une flaque de napalm miroite sous les semelles des évadés,
rien ne brûle sans l'explosion d'un mot sur une peau en transe,
dans le rire des enseignes sur le plâtre du mur.
L'obscurité est un leurre entretenu par des vendeurs
d'artifices et de prothèses oculaires.

Le pouvoir exècre la lumière des trottoirs,
la réverbération lancinante des regards insoumis.

Battez tambours battez
battez la fin du silence, des chants muselés,
des corps entravés,
battez entre les pavés du doute,
rien ne s'envole qui ne batte de l'aile entre les branches.
Votre voix déboulonne la ferraille des interdits,
vos mots ricochent sur les piles des ponts éboulés.

Battez nos cœurs unis, nos bouches soudées
à l'arc du rêve, à l'écume lumineuse des jours à prendre,
je parle à la douleur confuse, à l'œil éborgné
que les larmes caressent
avec la tendresse d'une source,
je parle aux visages défaits par le manque,
aux incompris, qui mendient, les dents serrées
sur un os invisible,
je parle à l'écho de vos voix,
vos voix de peau, tonitruantes,
vos voix de ventre en attente d'une pincée de ciel.

Battez tambours battez battez battez,
je marche depuis des mois dans les ornières
d'un champ miné de chagrin,
battez battez,
que mes pieds vous obéissent,
qu'il dansent au refrain de l'oiseau,
je n'ai plus rien à perdre,
mon jardin a perdu son chant.

Poème pour le vide en toi

Le vide prend toutes les formes,
il est multiforme, le vide,
informe même, le vide.
Un trou dans le sable,
qui se creuse et se bouche
comme ta bouche,
ta bouche si lointaine,
ta bouche aux mots inaudibles,
perdus dans le blizzard de ma mémoire.

Le vide prend la forme d'un écran,
où les mots – tes mots – s'écrivent
en bleu de ciel,
des mots bleus dans ta bouche aphone.
Et le vide dans mon ventre,
sidéral,
un trou noir où je tombe en vrille,
en absence,
perdu dans les steppes glacées d'un Pôle
douloureux.

C'est beau les étoiles,
ça peuple la nuit.
Mais le soleil,
c'est une présence charnelle,
comme ta langue sur ma peau,
tes mots de chair, qui brûlent et

cautérisent le manque, le vide,
tous les vides,
comme tes mains de flammes,
quand elles écrivent sur mon dos,
tes mains de lèvres,
qui soufflent sur le sable
et le déposent dans mes yeux.

C'est beau le soleil,
quand on se tient sur le bord du vide
c'est ton corps chaud qui me retient
et me comble enfin.

Poème pour enfoncer les portes

si tu attends
qu'on plaide ta cause
qu'une voix secoue les nues
qu'une main se lève ou un doigt
ou un sourcil
si tu attends
que le soleil éclaire ton visage
que la lune baigne ta chambre
que la pluie irrigue ton champ
si tu attends attends attends
que le virus pénètre tes cellules
– cérébrales surtout –
qu'il danse la gigue sous ton masque
si tu attends
avec la patience d'un bonze sous xanax
comme une femme attend un enfant
les yeux et les seins gonflés d'espoir
si tu attends devant la porte close d'une maison
en désamour
devant la grille d'une usine qui te vire
devant un écran qui te vomit
un mur aux pierres désunies
si tu attends sur le banc le dernier bus le dernier train
le dernier vol à la tire
si tu attends
si tu attends
les doigts enfoncés dans les oreilles

pour ne pas entendre le silence monter à l'assaut
de tes collines
le chalumeau découper la banquise en pains de glace
pour des bars aux portes emmurées
si tu attends
les orteils en racines dans la terre chaude
que l'eau monte des profondeurs pour noyer ton cœur
si tu attends tel un arbre
portant le ciel à bout de branches
que la vie revête ton manteau
pour jouer ton rôle sur la scène du jour
la vie jaillie des poches d'un ministre
ou de son chapeau claque
joue joue mon lapin blanc
tu peux gambader dans la luzerne
on a scié les pieds des miradors
tu n'as pas dit ton dernier mot, n'est-ce pas ?
tu n'as plus besoin d'attendre
tu pourrais rejouer la dernière Cène
ou *the Wall* si tu préfères
si tu attends
si tu attends en rêvant que tu n'attends plus
tu es mort mon fils tu es mort et
ta musique est morte avant de revoir l'aube
les bourgeons ne fleuriront plus
adieu moissons de notes, concerts de corps en fièvre
adieu les fous solidaires les mangeurs d'herbe rose
les déjantés aux yeux de verre
So long les exilés de la culture les penseurs avortés
les génies du tarot les bardes au ventre fendu

si tu attends la main qui ôtera ta laisse
sans la mordre au sang
tu es mort mon fils tu es mort
à toi de tailler au vif de la chair
à toi de tirer les mots en rafales
à toi la révolte la colère et ses raisins goûteux
à toi la foule les mains à serrer
les bouches à baiser les bras à bercer
il n'est plus temps d'attendre
il est temps de chanter plus haut que l'orage
temps de dilapider ton héritage
avec ceux qui aiment et rient
il est temps d'écrire la suite de ton poème

(en écoutant The Wall concert live in Berlin
– Roger Waters)

Poème pour une peau frottée de lumière

On me demande qui je suis,
si j'ai un Christ tatoué dans le dos,
une Vierge Marie ou un Bouddha
sur le cœur,
si ma peau blanche augmente ma taille ou
donne à mon regard l'éclat bleuté
d'un fusil mitrailleur.

On me demande d'où je viens,
quel héritage je foule de mes pieds,
pourquoi je tends la main à tous les vents,
pourquoi je traverse les murs, saute les clôtures,
on me demande : « As-tu oublié la pureté de ton sang ? »

J'écoute,
dans le calme d'un champ intérieur,
interroge les fleurs semées dans un printemps
d'avant les guerres.

J'écoute la voix des fleurs,
leurs couleurs sans frontières,
le ventre en bouillie,
pour ne pas découvrir mes crocs
de loup en colère.

J'ai la peau blanche mais je ne suis pas blanc,
j'ai le sang rouge mais je ne suis pas rouge,

j'ai le cheveu noir mais je ne suis pas noir,
ni blanc ni rouge ni noir, pas même gris…
Pas de camp retranché, ma peau épouse
la couleur du jour, de la main qui la caresse.
La peau est l'oriflamme du cœur,
pas un drapeau en berne.

Ta peau, mon frère, a le droit de respirer,
nul genou ne peut oppresser ta poitrine, ma sœur,
si le noir habille la nuit d'étoiles où accrocher nos rêves,
le blanc rallie l'aube à la même offrande.

On me demande qui je suis
et j'écarte les bras, surpris.
Dois-je le dire ? Dois-je le répéter encore ?
Je suis de la terre et du soleil,
de l'amour et du chant des cigales,
je suis de la brousse et du bitume,
je suis de la brume qu'aucun barbelé ne retient,
de la graine ignorant la couleur de la fleur à venir,
je suis de la tendresse,
de la peau frottée de lumière,
je suis de la chair qui sourit à la chair,
quand la nudité dévoile le regard et
qu'il ne reste que l'amour pour exulter.

Poème à lire debout

Je vais lire des poèmes parce que
j'ai mal dans le ventre,
    que le ciel ne se déshabille plus pour moi,

je vais lire des poèmes parce que
ma faim me fait honte,
    que je ne veux pas boire avant l'heure,

je vais lire des poèmes pour rester debout,
    agrippé au bastingage, le front ridé sous le sel.

Je vais lire des poèmes parce que je suis vivant,
    que la brûlure court dans les veines du jour,
        dans mes veines,
        sur ma peau,
    parce que je suis vivant
        dans l'Antarctique des mains,
        dans la transe du temps qui coule,
        dans le sable du désert,
        dans l'étranglement du verre.

Les poèmes sont mes pilules à vivre,
        mes antidépresseurs, mes boutefeux,
        mes béquilles, mes échardes,
    mes échasses, quand je veux monter au ciel
            – qui m'ignore.

Je vais lire des poèmes parce que
la vie n'est que mirage entre doutes et cimes,
dans les sautes du vent et des moulins à bras, qui
tournent,
            leur danse frénétique, les jours de tempête.

Je vais lire des poèmes parce que je suis vivant
encore,
avant les roulements des tambours,
avant leurs crocs dans ma chair.

Je vais lire des poèmes pour attiser la flamme
qui décapera le jour,

je vais lire des poèmes parce que,
les colonnes d'Hercule à peine franchies,
le large prend une autre odeur,

parce que la route tire un fil où suspendre le ciel,
parce que,
parce que,
parce que
les réponses toujours se dérobent entre les dents du
râteau
comme les feuilles se détachent des branches
de l'arbre noir où je me balance.

Je vais lire des poèmes pour sentir la vie,
son alcool de tripes,
je vais lire, encore lire, lire des poèmes, et des poèmes,
tant de poèmes que mes yeux prendront l'eau,

des pluies de mots,
des cascades à irriguer les yeux,
craquelés comme des peaux, quand l'amour fait défaut.

Je vais lire des poèmes, des poèmes, des poèmes
pour chanter ce que je suis, l'humain que je suis,
l'humain qui résiste debout, et respire, et vit,
je vais lire des poèmes, des poèmes, des poaimes.

Poème pour gober le bonheur

Il avait son idée du bonheur,
une idée simple comme du pain et des olives,
et de l'huile pour graisser la gorge,
il se dessinait une maison sans toit,
                    au plafond bleu de ciel,
une maison pleine de chambres avec vue
                    sur les étoiles,
des chambres sans portes
pour que tout un chacun puisse voir les lits
et les amants nus et beaux sous la lune.
Et puis,
    dans la cuisine, une table et une casserole
    de haricots rissolés dans l'huile,
    un bout de lard coupé en dés,
et sur les murs les plaques émaillées
    des réclames *Nesquik* et *Banania*.

Il usait l'école des Frères jusqu'à la corde,
escaladant l'estrade comme une scène
    où jouer le rôle de sa vie.
Il vivait dans la transe d'un bonheur tranquille,
    un état de truite à l'abri d'un caillou,
    prêt à gober la moindre lueur dans la fenêtre.

Il lançait des pensées brûlantes dans des impasses,
où des filles aux longues jambes de soie fumaient,
le regard noir et les lèvres peintes en mauve,
il se voyait marin aux mains de sel,

en escale d'amour et de bière,
et son sexe se tendait sous le coton de son pantalon trop large.

Les filles l'appelaient *Baby* ou *Sugar*,
il se cachait derrière un journal acheté à un gamin édenté,
il n'était pas prêt encore,
il devait naviguer des lunes et des lunes
pour rejoindre la rade des cuisses claires.

Le bonheur ne se pêche pas à la traîne,
n'est pas le fruit d'une érudition,
encore moins d'une prière,
c'est du sable que la mer tripote de ses vagues de doigts,
le vol d'un pigeon en lisière d'un bois,
où se cache une jeune fille disparue,
c'est de l'aventure sans col de fourrure ni jarretelle à mordre,
un aller simple dans la moiteur du vivre.

Il le savait, lui, et cette idée, il la gardait
sous son pull de laine, sur sa peau en mal de caresses,
un jour, les lèvres mauves se refermeraient sur son sexe
pour éponger toutes les dettes accumulées depuis sa naissance,
et pendant une minute, une seule petite minute,
il n'aurait plus soif,
en apnée de patience et de renoncement,
tout deviendrait simple

comme du bonheur moulu dans un sachet argenté.

Poème pour une vie sans mesure

C'était mieux avant.
Plus simple.
Les corps libres, à la dérive de la rue,
avec des mains en balade,
des lèvres à fleur de peau.
Les instants s'additionnaient aux instants
puis sombraient dans l'oubli d'un post
sur Instagram.

Même la pluie était simple.
Elle tombait, s'arrondissait en flaques
où sauter en riant.
Lointaine l'idée d'un naufrage,
on n'avait pas construit de bateau ni d'arche
pour survivre,
on se passait la cigarette, la bouteille de vodka cerise,
les pensées n'avaient pas de poids,
le fardeau des jours se prenait dans les toiles
d'araignées facétieuses.
Même le vent mélangeait nos chevelures
quand le désir nous plaquait l'un sur l'autre
dans la bouche complice d'un porche.

C'était avant, c'était mieux.
Je peux toujours me coucher dans l'herbe,
écouter le grillon ou le rossignol,
échapper au silence avec ta voix dans mes écouteurs,

je peux
mais je reste en hibernation,
un couteau ouvert sur les cuisses,
à tenter de restaurer ma mémoire,
de retrouver le goût de ta chair.

Le soir se faufile le long du mur.
Les poules se disputent un ver ou un autre trésor
surgi de terre entre leurs pattes.
Je les envie.
Soudain j'ai besoin d'un verre,
avec quelques sourires morts au fond,
besoin de me noyer dans un rêve
d'après,
une porte ouverte,
et la vie sans mesure.

Poème dans les bras d'un arbre tendresse

Tu n'entends que
les cris qui t'enfantent
derrière les murs d'un silence en fer blanc.

Cris d'eaux sur la plaine,
cris de femmes à l'écart des feux,
cris rauques des souvenirs enfouis
sous le gazon d'automne.

Tu connais le passage
dans la haie aux moineaux, le trou
des rires et des hurlements.

Les jardins s'épaulent,
tu te caches sous leur peau d'éléphants sages.
Tu rampes,
les doigts dans les oreilles,
n'entends que les cris de ton ventre.

Peu importe la beauté du monde,
si la lumière n'épouse la musique de l'arbre
que tu enlaces.

Poème pour boire le soleil

Boire le soleil
À la louche de l'aube
En reprendre une gorgée
Pour dissoudre
Le nœud dans la gorge
Recoudre la plaie du regard
Et marcher
Sur la ligne de crête
Entre soupirs et lumière
Le soleil au chaud du ventre

Tracer un chemin
De l'horizon à soi
Un ami sur l'épaule
Entre les lèvres des talus
Tracer un chemin d'oiseaux et
De couleuvres à collier

Laisser fuir
Ce qui entrave la tête et les jambes
Communier au soleil
Entre les pierres
Comme on prie entre les bras
D'un amour

Boire et reboire le soleil
À pleine bouche

Et déglutir
À chaque peur perdue
À chaque sourire exclu
Et puis
S'asseoir à la table
D'un silence démasqué

Dans la chair d'un visage
Où la vie trace sa ride du jour

Poème pour conjurer le sort

À l'heure presque de mon coucher,
j'ai envie d'arroser une fleur de pissenlit,
histoire de conjurer le sort,
histoire de rire encore
avant d'entamer la nuit sur ma corde.
Tombe ou tombe pas,
l'obscur te tend les bras.

C'est l'heure
où le pigeon roucoule dans sa loge
au-dessus de ma fenêtre.
Monsieur pigeon séduit sa pigeonne,
à moins que ce ne soit l'inverse.
Plume plume, je te bécote
Fume fume, vas-y que tu me frottes.

C'est l'heure de mon coucher,
un étage sous les pigeons qui s'envoient en l'air.

Étendu bras en croix, moi,
j'attends la résurrection de la chair,
promise à tout enfant de chœur
qui communie de la langue.
Mon lit rompt ses amarres,
la nuit allume ses étoiles vernies,
les pigeons hissent les voiles.
Ça souffle dans mon cou,

un vent de loin endort ma chair,
dents de scie, la croix
me mord les reins.

Dans le pré sans lune,
les pissenlits
boutonnent leur chasuble
jaune pipi.

Poème pour le chuchotis du matin

Je me sers un café noir de lave
marche sur des braises
des charbons rouges dans les entrailles
Ce n'est pas la nuit
et tu n'es pas là

Je me sers un café
pour me parler de toi
un morceau de lèvre sur la porcelaine
en feu
Les rues désolées prennent le vent
à contre-courant à contre-rire
à contretemps, qui se déverse, se renverse
dans ma gorge de sable
Rien ne remplace la fleur entre tes dents
à la terrasse d'un café sans nom

Je me sers encore un café serré
sans serveur en gilet noir et plateau d'argent
Oubliées les bonnes mœurs
sur un coin de comptoir je cherchais
un refuge pour nous
dans la folle envie d'une étreinte
entre deux expresso

Je suis marqué au fer rouge de ta fleur
celle que tu serrais entre tes dents

à la terrasse d'un café sans nom
dans le chuchotis d'un matin où demain
n'était qu'une main tendue
entre les vivants

Poème pour apprivoiser le silence

J'ai interrogé le silence accroché
à la haie aux moineaux.
Il n'a pas répondu.

Sans doute dormait-il entre les branches,
ou pensait-il que le chant des oiseaux suffisait,
que sa voix n'ajouterait rien à l'aube,
ni à l'absence prélude à ma question,
ni à la voix en sommeil au fond de ma gorge.

À quoi bon questionner ce que nous connaissons ?
Le silence de la haie n'est que le nôtre
et il nous appartient de lui donner voix.

Si les moineaux chantent sans trêve,
un sanglot parfois au bord du bec,
c'est pour nourrir notre silence,
pas le couvrir.

Ce que me laisse le jour

Ciel gris sur le mur aux roses trémières
séchées
Un vol de pigeons ramiers échappés
de la grange
Le jour s'installe dans la quiétude
présente ses hommages au monde
à moi dans la fenêtre
café fumant à la main

Dans les bois le jour s'installe
dans les bois à l'abri des bombes
et du sang versé
bien loin des marins repêchant les désespérés
en quête d'une vie sans amertume
Le bruit du moteur exsangue
ne franchit pas le mur aux roses

Il n'y a rien d'autre que la terre la pierre
et du temps à tamiser jusqu'au blanc des yeux
Le paysage me tend son miroir
J'y décèle par temps clair la faille
qui me brûle et me nourrit
Je n'ai pas parcouru les rives de l'Hudson River
ni le Salar d'Uyini où le sel blanc te mange les yeux
je m'ancre dans un mur
soutenant un ciel frangé d'arbres
porte grande ouverte sur l'absence

en attente
d'une offrande de vanneaux ou de nuages déchirés
en attente
d'une respiration à reprendre aux racines du matin
indéfiniment
retrouver le goût du choix underground
hors des balises aux tristes pavés
suivre du doigt la fêlure
qui magnifie la porcelaine d'une chair à encenser

Les vagues tendent leurs troncs sur le mur
Froid le café m'avertit du temps
consumé dans les bûches
Il est temps de rejoindre
ce que me laisse le jour

Poème pour ne pas chuter

Il y a longtemps que je meurs
tes mots sous mes doigts dans les chicanes
des jours qui trempent
linges souillés dans la bassine
en plastique décoloré

Je veille
au bord d'un précipice
qui me hèle avec ta voix rauque
Puis-je encore échapper à l'échafaud ?
Ai-je besoin de toucher ta chair
pour l'entendre vibrer dans ma solitude ?

Mes mains tangueront au large de ton corps
Tu ne t'allongeras pas sur ma table
Ce soir la lune semble une pièce d'argent
ou un poisson clair
Tu nages plus loin qu'elle
dans une baignoire dont je ne puis effleurer
les mosaïques

Demain n'a pas de consistance
il germe dans une terre que je n'ai pas sarclée
Je n'ai qu'un signe pour dire le chuchotis
d'une peau retournée sous la caresse
d'une main amoureuse
Je ne suis que silence tapi entre les feuilles

dans l'encre d'une étreinte
et présence
à fabriquer des ciels bleus
quand les galets attirent la main
pour dire au cœur ce que le temps
détricote

Il y a longtemps que je meurs
tes mots sous mes doigts
dans le vertige de tes yeux et le rêve
de nos bouches étoilées
le corps dilaté sur la roche glissante
qui mène à ton ventre

Rien ne se mesure
qu'à l'attente des jours
où ta gorge tremblera tout à côté
du souffle de ces mots

Poème assis sur le mur

Le matin tombe en feuilles, le vent s'en amuse.
Pourquoi t'obstiner à chercher en vain des réponses ?
Elles volent ailleurs telles des grues insaisissables.
Ton voyage ne leur appartient pas,
elles volent au-delà des questions.

Assis sur ton mur,
devant la plaine à betteraves et le manteau d'arbres
qui la réchauffe,
tu les regardes.
Elles volent au clair du matin,
sans emporter les doutes, qui t'assaillent
à peine les yeux ouverts.

On dirait que la vie se couvre de mousse,
comme ces vieux arbres frileux
sous la brise d'automne.
Peut-on vivre à distance de la vie,
masqué de sphaignes, bardé de peur,
à distance des mains,
à distance des bras,
le souffle contenu dans la détresse
d'un regard ?

Dans le matin clair, la vie
charrie des ombres bottées de nuit,
un terreau de nécessités qui font loi,

parce qu'on les clame haut et fort,
une logorrhée d'oracles cryptés,
qui font mouche dans les chaumières,
tout est dans la voix qui rassure et convainc
de courber la nuque et briser les reins,
et puis de passer sous les fourches caudines
avec le sentiment du devoir accompli.

Assis sur mon mur,
j'écarte les bras en branches,
je me couvre de mousse jusqu'aux tréfonds
de la gorge.
À quoi bon crier ?
Les grues passent dans le matin clair,
libres de questionner le ciel, dont elles
n'attendent pas la réponse,
elles volent vers le sud, comme elle voleront
vers le nord au prochain printemps.
Serai-je toujours assis sur le mur pour leur retour ?

La tristesse ralentit le cœur,
le chagrin creuse son puits,
il me faut apprendre la patience,
semer des graines de joie pour la voir refleurir
avec le printemps des grues,
semer à pleines mains des champs de joie,
des paroles en plumes et becs,
semer des caresses en devenir,
des peaux en désir,
il faut semer et croire,

le temps de la moisson reviendra,
et nous danserons dans nos souffles,
dans nos lèvres,
nous danserons, nous danserons,
jusqu'au bout de nos rires.

Poème pour Robinson des bois

Toute une mer de bois autour de la maison,
prison à ciel ouvert, où les oiseaux s'attardent
à prendre le soleil dans leur bec.
L'autre nuit, un blaireau – ou un raton laveur –
a mangé la clôture.
Lui ne veut pas fuir,
pas plus que les campagnols qui courent sous l'herbe.
Pendant que tu t'oublies dans la chaleur
d'un autre ciel,
je fouille le jardin en quête d'une vie à exhumer,
il faut bien tromper l'attente, sublimer les odeurs
qui rappellent ton corps – peut-être des plates-bandes
fleuries ?
La pluie s'évertue à noyer les traces de tes doigts.

J'ai beau compter nos souvenirs,
il en manque toujours un pour éclairer le jour,
j'ai beau déshabiller la nuit,
sa nudité ne m'émeut pas, son ventre
ne touche pas mon ventre,
j'ai beau me dire que demain n'existe pas,
que l'absence peut être présence
si les mots secouent la torpeur de l'après-midi,
je ne sais pas si je monte ou descends la route
ni vers quel précipice elle me conduit,
mais sans toi, les arbres qui la bordent
ont des allures de clowns tristes.

Alors autant rester dans la maison,
cette île de sel dans la mer de bois,
à guetter les nuages et les faucons crécerelles,
inutile de pousser la porte si ton visage
n'éclaire pas le seuil.

Deux poèmes pour une ville vie

Il me reste Paris pour toiser les réverbères
et filer les faux prophètes aux dents jaunes,
un papillon de nuit épinglé au revers de ma veste
conjurer les stylets plantés dans les pupilles.

Place de la République,
je tourne dans les ailes d'une robe
qu'un vol de grues dépose dans la bouche du métro.

Je sens ton odeur, Paris
ton parfum de cirque et de déos labellisés.
J'attends la mouette sous un parasol,
elle m'apporte des nouvelles des rues brûlées,
des quartiers de pastèque et des femmes guêpes.
Je la guette le nez en l'air
tandis que sous mes pieds, l'underground déploie ses ailes.

Le jaune sied aux travailleurs
mais la fumée des gaz vitriole les visages.
L'immonde sourd des bouches d'égout,
le bourdon de Notre-Dame a perdu sa glotte.
Passent les bateaux mouches
aux têtes alignées sous le plexi.

Viendra-t-elle, la fée aux fesses rondes, aux lèvres friandes,

la callypige des grands boulevards.
Dance me to your beauty.
Un violon enflamme les entrepôts,
je vais mourir sur un trottoir
car le fleuve ne m'attend pas.
La Seine mère n'a que faire des Apollinaires mosans.
– Vous avez vos eaux sales pour y pourrir vos chants –
Love me, chérie
je serai ta canaille éthylée, insolente
et soumise à ta férule.
J'ai avalé la lune
pour la suspendre à ton crochet.

***

Paris est une femme aux yeux amandes,
qui lavent l'aube à la buée d'une attente, une femme
aux jambes sans sommeil dans les rues du soir,
quand les poèmes tombent des fenêtres en larmes.
Je me couche pour l'entendre venir
dans le tremblement de l'air,
sous le pont Mirabeau, je récite des vers
pour une Elsa aux lèvres rouges.
Sur la Seine, les bateaux appellent à prendre l'eau,
Apollinaire ricane, amoureux transi,
que le fleuve emporte entre les îles.
Paris, femme aux seins têtus, aux hanches lavandière,
j'ai souvenir d'une peau peuplée de mots doux à la
langue,
une histoire sans fin

dans une chute de reins et un rire de vin blanc.
Dans une mémoire de rues et de quais,
je dérive,
dans une odeur de pain chaud et de menthe poivrée,
je dérive,
qui n'aimerait la langueur des journées au Père Lachaise,
où le silence parle entre les doigts ?
L'ombre n'obscurcit pas le jour, elle le transcende,
ouvre d'autres perspectives qu'un appétit de lumière.
À déambuler dans les travées d'un cimetière,
on entend des voix sourdre dans le ventre, et
des phrases lues au gré des insomnies prennent l'ampleur
des choses dites.

Paris, femme fatale, femme ville, aux mamelles lourdes
d'un désir trop longtemps contenu,
je te presse de me foudroyer
si je te suis infidèle.
J'ai mangé mon pain noir dans la sueur des matins
sans rêve,
et semé de l'herbe drue sur les rampes de ton corps,
que je parcoure en vagues déferlantes,
en vagues de mains en fièvres et lèvres écorcées,
en vagues d'espoirs perdus, de regrets rongeurs,
le temps vient de renaître comme du chiendent
volontaire et tenace,
approche, je t'attends dans le buisson bleu de tes épaules,
approche, nous fumerons nos corps entre les épines
et les fleurs de mai,
viens, viens, il est temps
de brûler le petit matin jusqu'au bout de nous.

Notice bibliographique

Poésie

L'arpenteur des steppes à pommes, l'Arbre à paroles, Amay, 1994
Toiles à vivre, l'Arbre à paroles, Amay, 1995
Mains croisées, l'Arbre à paroles, Amay, 1997
Mémoires d'un chien bâtard, l'Arbre à paroles, Amay, 1999
Le vide chevauché, l'Arbre à paroles, Amay, 2001
Carnets d'eau et de pierre, Tétras Lyre, Soumagne, 2001
Tessons du grand large, l'Arbre à paroles, Amay, 2002
Une brèche dans l'innommable, l'Arbre à paroles, Amay, 2003
Retour sur printemps, Le Coudrier, 2010
Chant pour un corps déserté, l'Arbre à paroles, Amay, 2013
40 échanges, avec Christine Sépulchre, Le Coudrier, Mont-St-Guibert, 2015
Ressac, M.E.O, Bruxelles, 2016
Poèmes du Chemin Vert, Le Coudrier, Mont-St-Guibert, 2016
Le bourdonnement de la lumière entre les chardons, Le Coudrier, Mont-St-Guibert, 2019

Prose

Ambre, MaelstrÖm, reEvolution, Bookleg, Bruxelles, 2015
La route des cendres, roman, M.E.O., Bruxelles, 2017
Bocal Paradis, MaestrÖm reEvolution, Bookleg, 2017
Un été immobile, roman, M.E.O., Bruxelles, 2018
On ne coupe pas les ailes aux anges, roman, M.E.O., Bruxelles, 2020

Rose, Marie, Madeleine et moi, Opuscule #184, Lamiroy, Bruxelles, 2021
L'heure des olives, roman, M.E.O., Bruxelles, 2021.

Participation aux anthologies

Jeunes poètes francophones de Belgique, L'Arbre à paroles, Amay, 1995
Nous empruntons la terre à nos enfants, L'Arbre à paroles, Amay, 1998
Piqués des vers, 300 coups de cœur poétiques de Colette Nys-Mazure et Christian Libens, Espace Nord, 2014
Poésie française de Belgique, une lecture parmi d'autres de Yves Namur, Éditions numériques Recours au poème, 2015
Analectes de poésie mondiale de Mohamed Salah Ben Amor, Ichraq Editions, Tunis, 2015
Éloge de la langue française, 137 poètes, 10 lettres ouvertes de Pablo Poblète et Claudine Bertrand, Ed. Unicité, coll. Poètes francophones planétaires, Paris, 2016.

Table des matières

Diffusion et distribution en librairie

BENELUX

MAISON DE LA POÉSIE D'AMAY
BP 12, B–4540 AMAY
Tél. : + 32 (0) 85 31 52 32 – Fax : + 32 (0) 85 31 54 32
distribution@maisondelapoesie.com
diffusionmaisondelapoesie@gmail.com

FRANCE

LIBRAIRIE WALLONIE-BRUXELLES
46, rue Quincampoix 75004 PARIS
Tel. : + 33 (0)1 42 71 58 03 – Fax : + 33 (0)1 42 71 58 09
librairiewb@gmail.com

Diffusion internet

editions@maisondelapoesie.com

Nos publications et activités d'animation culturelle sont possibles grâce à l'aide du gouvernement de la Région wallonne, de la Promotion des Lettres du ministère de la Fédération Wallonie-Bruxelles, du Service des Affaires culturelles de la province de Liège, de la Loterie nationale et de l'Administration communale d'Amay.

La Maison de la poésie d'Amay est affiliée à l'association *Les éditeurs singuliers*, groupement d'éditeurs et d'opérateurs de Wallonie et de Bruxelles ainsi qu'à la Fédération des maisons de poésie *Maipo*. Elle participe à la Journée mondiale de la poésie de l'Unesco, au Printemps des Poètes, à la Fureur de lire et est à l'initiative du Nouvel An Poétique.

Le CEC plume & pinceau est un Centre de coordination artistique d'Expression et de Créativité reconnu et soutenu par le service de l'Éducation permanente de la Fédération Wallonie-Bruxelles.

Pourquoi les poètes n'ont jamais de ticket pour le paradis
de
Claude Donnay

l'Arbre à paroles

ISBN : 978-2-87406-720-4
Dépôt légal : 2022/2292/08

www.maisondelapoesie.com